BEI GRIN MACHT SICH IHR WISSEN BEZAHLT

- Wir veröffentlichen Ihre Hausarbeit, Bachelor- und Masterarbeit

- Ihr eigenes eBook und Buch - weltweit in allen wichtigen Shops

- Verdienen Sie an jedem Verkauf

Jetzt bei www.GRIN.com hochladen und kostenlos publizieren

Michaela Sankowsky

Vom Geheimbund zur Massenpartei. Entwicklung und Organisation der politisch-weltanschaulichen Richtungen Europas 1770-1930

Lernzusammenfassung

GRIN Verlag

Bibliografische Information der Deutschen Nationalbibliothek:

Die Deutsche Bibliothek verzeichnet diese Publikation in der Deutschen National-
bibliografie; detaillierte bibliografische Daten sind im Internet über http://dnb.d-
nb.de/ abrufbar.

Impressum:

Copyright © 2011 GRIN Verlag GmbH
Druck und Bindung: Books on Demand GmbH, Norderstedt Germany
ISBN: 978-3-656-72993-8

Dieses Buch bei GRIN:

http://www.grin.com/de/e-book/279185/vom-geheimbund-zur-massenpartei-ent-
wicklung-und-organisation-der-politisch-weltanschaulichen

GRIN - Your knowledge has value

Der GRIN Verlag publiziert seit 1998 wissenschaftliche Arbeiten von Studenten, Hochschullehrern und anderen Akademikern als eBook und gedrucktes Buch. Die Verlagswebsite www.grin.com ist die ideale Plattform zur Veröffentlichung von Hausarbeiten, Abschlussarbeiten, wissenschaftlichen Aufsätzen, Dissertationen und Fachbüchern.

Zusammenfassung Vom Geheimbund zur Massenpartei
Entwicklung und Organisation der politisch-weltanschaulichen Richtungen Europas 1770-1930

Kurseinheit 1: Absolutismus und Konstitutionalismus 1770-1830
- Ausgangspunkt der Europ. Aufklärung war intellektueller Reifungsprozess des Menschen

1. Aufklärung, Revolution u. Restauration:
Ideengeschichtliche Grundzüge 1770-1830
1.1 Die geistige Bewegung d. europ. Aufklärung
- ab 1. Drittel 18. Jhd., v.a. von E + F ausgehende Aufklärung in ganz Europa
- Naturwiss. u. Philosophie befreiten sich
- Impulse für Geistes- u. Meinungsfreiheit
=> gesamteurop. Geistesbewegung. Wiss. Vernunft als absolute Erkenntnisgrundlage
=> Emanzipation des Menschen zum verantwortlich u. selbstbestimmt handelnden Vernunftswesen
=> Ziel: möglichst umfassende Entfaltung d. Individuums in seinem Besitz u. Bildung, die es gegen ges. u. staatliche Eingriffe zu verteidigen galt
- Bewegung nicht nur in Will. sondern auch anderen ges. Räumen
- Emanzipation des Individuums als Keim des europ. Liberalismus (Locke, Smith, Kant)
- aufsteigendes Bürgertum gegen absol. Staat als auch gegen Schranken d. Ständegesellschaft
- für wirt. Freiheit, Rechtssicherheit u. pol. Mitsprache
- neues Leistungs- u. Karrieredenken als neues Lebensmodell d. 2. Hälfte 18. Jhd.
- Anti-kirchliche Ausrichtung; Banner d. Toleranz gegenüber Andersgläubigen
- Verhältnis zwischen Staat u. Kirche vor Reform
Wirtschaft
- Landwirtschaft als Zentrum d. Wirtschaft
- Aufbau einheitlicher Zölle gut für Handel
- Zurückdrängung d. Zünfte u. Gewerbeförderung
Pädagogische Ausrichtung d. Aufklärung
- pädagogische "Volksaufklärung" als öffentliche Belehrung des Volks von seinen Rechten u. Pflichten mittels Schuleinrichtungen, Aufklärungsliteratur, Verbreitung d. dt. Hochsprache
Aufgeklärter Absolutismus
in Deutschland: als kritische Beschäftigung v. Staat u. Verw. als Handlungsrahmen für Reformprojekte in Wirt., Ges. u. Staat
in Italien: Kirche soll sich aus Zivilverw. zurück nehmen u. mehr auf spirituelle Funktionen orientieren; Kirchenzensur über Wissenschaft aufgehoben; Italienisch einzige Staatssprache; staatliche Wissenschaftspol. mit Gründungen Akademien, Instituten, Militärschulen, Universitäten
in Lombardei: Reform des Strafrechts herausragend; dazu: staatl. Steuerhoheit, Enteignung kirchl. Besitz, Abschaffung Inquisition, Einrichtung staatl. Schulen
in Florenz: wirtschaftslib. Vorstellungen: Handelsfreiheit, Veräußerungsfreiheit von Immobilien, Auflösung Handwerkerkorporationen -> aber kaum soz. Steigerung bei Kleinbauern wg. Halbpachtsystem; aber Abschaffung Folter + Todesstrafe 1786; Verfassungsentwurf 1787
=> alles Vorzeichen einer Republik und Demokratie
-> aber kaum Reformen zw. Staat u. Kirche, 3/5 immer noch unter feudaler Herrschaft
- auch Aristokratie wehrte sich lange gegen Aufklärung
Zusammenfassung
=> viele Reformen in Preußen, Habsburg, Russland, Toskana, Neapel verwirklicht!:
Agrarreformen, Bauernbefreiung, Gewerbeförderung, Rechtsgarantien, Presse- u. Meinungsfreiheit!!

-> Auftakt für grundlegenden Wandel von Staat, Wirtschaft, Gesellschaft u. Kultur!
-> neues Bewusstsein, dass ges. + wirt. Verhältnisse veränderbar sind! u. nicht mehr aus Gottesgnade u. Vernunft!
=> Aufklärung zum Abbau dogmatischer Traditionen u. absol. Autoritäten in Wissen. + Religion, sowie Lehre vom Gesellschaftsvertrag und Geburt des Liberalismus!
-> Aufklärungsbewegung kann bis zur Franz. Revo. wg. ihrer Unterschiedlichkeit keiner präzisen pol.-ideologischen Ausrichtung zugeordnet werden!

1.2 Die Revolutionsidee u. ihre polarisierende Wirkung
- Franz. Revo. 1789 ungeheure Beschleunigung d. Aufklärung u. brachte den Menschen die Veränderbarkeit d. pol. Verhältnisse in ihr Bewusstsein
- weltweite u. geschichtliche Einmaligkeit
- Tradition u. Kontinuität im Zwiespalt, Bruch mit Kirche sollte nicht vollends sein

Entstehung des Konservatismus (durch Burke)
- Ursprung: Folge aus Franz. Revolution
- Berufung auf Tradition u. Wertekontinuität
- Staatsvertrag als Vereinbarung d. Lebenden mit verstorbenen u. zukünftigen Mitgliedern d. Ges.!
- gegenwärtige Ordnung von Staat u. Ges., indem diese auf Vergangenheit u. Zukunft verpflichtet wurde!
- Grundprinzipien:
    - Vertrauen in Werte u. Traditionen
    - Skepsis gegenüber Zeitgeist u. unüberlegten Erneuerungsbestrebungen
    - Wertschätzung d. Familie als tragende Inst. d. Ges.
    - Verteidigung von Privateigentum u. wirt. Freiheit
    - Orientierung an göttlicher Ordnung u. Achtung d. göttl. Schöpfung
- gegen absol. Machtanspruch der Fürsten, gegen Lib., aber auch gegen vorkonst. Ordnung (kein Ancién Régime!)!
- ab 1813 (Wiener Kongress) Durchbruch d. Konser. in Restauration von Thron u. Altar
- Spätromantik in D. auf gleichen Pfaden -> gegen europ. Moderne, aber für ...
=> Ideal eines dauerhaften Zusammenschlusses d. europ. Völker u. Fürsten zur übernationalen christlichen Friedensordnung! -> Vordenker d. heutigen EU !! -> "heilige Allianz" von 1815

Liberalismus (konstruktives Programm)
- Geistig: Freiheit d. Wissenschaften, Befreiung von Dogmen u. religiösen Beschränkungen
- Pol.: Menschen- u. Bürgerrechte, Verfassungs- u. Rechtsstaat, Gewaltenteilung u. Repräsentation
- Wirt.: Garantie d. Eigentumsrechte, Gewerbe- u. Handelsfreiheit, Freizügigkeit in Berufswahl
- Lib. u. Demokratismus aber nicht deckungsgleich, eher im Spannungsverhältnis zur direkten pol. Partizipation

2. Verein, Klub u. Geheimbund: Parteiengeschichtliche Grundzüge 1770-1830
2.1 Politisierung d. Gesellschaft i. d. Aufklärung
- korporative Inst. wie Stände, Zünfte, Universitäten verloren ihre Bindekraft
-> Recht d. freien Assoziation genutzt, um Gesellschaften, Akademien, Vereine, Sozietäten zu gründen -> alles private Vereinigungen
- Mitgliedschaft freiwillig und gleich
- Vereinswesen übernahm elementare Ordnungsfunktionen
- förderte demokr. Formen d. Willensbildung u. Bewusstsein für überregionale Zusammenhänge zw. Wirt. u. Pol.
- pol. Vereine zuvor durch Monopol d. absol. Staates verhindert

- Parteien = pol. Richtungsorganisation mit einer dauerhaften, statuarisch geregelten u. überregional aufgefächerten Orga.form; entstanden erst ab 1848/49
Voraussetzung für Übergang von pol. Verein zu Partei:
- Verein beruft sich auf freien Zugang u. freiwillige Mitgliedschaft, ohne ständische Einschränkungen
- schriftlich fixierte pol. Programmatik
- Selbstdarstellung u. Mitgliederwerbung in Öffentlichkeit
- strebt Übernahme pol. Ämter zur Einflussnahme auf pol. Willensbildung an
- dauerhafte Organisation
- beteiligt sich an Wahlen u. strebt Vertretung im Parlament an
-> europ. Parteiwesen aus Ausgangspunkt in Vereinen!
- in England Parteienentwicklung 1678 früher als anderswo, wg. Magna Charta (1215) als Basis, König brauchte Zustimmung des Parlaments (Aristokratie bis ins 19. Jhd. im Parlament herrschend)
- dank "glorreicher Revo." kam "Vorrang des Parlaments" u. damit auch d. Parteien gegenüber Krone im Verfassungssystem = "Bill of Rights (1689)" als Steuermonopol d. Parlaments, alle 3 Jahre Wahlen
-> Stärkung d. Parlaments gegenüber Exekutive, Parteien neue Bedeutung!
Def. Partei (nach Burke 1770): als feste, auf dem Freiwilligkeitsgrundsatz beruhende pol. Zusammenschluss, der sich auf Grundlage seiner besonderen weltanschaulichen Orientierung gemeinschaftlich für das nationale Interesse einsetzt.
- ab 1770 theo. Anerkennung d. Parteien als Grundlage d. Regierungswechsels
- Machtstreben d. Parteien u. Kontrolle durch Opposition als notwendige Voraussetzung
-> erst ab 1830 Zusammenwirken parl. Mehrheit + außerparl. Öffentlichkeit zur Realisierung d. Parlamentsreform
- Vereinsbildung auf dem Kontinent: gelehrte Gesellschaften bis zur Franz. Revo.
- diese "Lesegesellschaften" als 1. Sammelbecken für Aufklärer u. Keimzelle für 1. pol. Orga.form d. Neuzeit, aus denen sich später Vereine u. Sozietäten entwickelten
- Themen Sozial- u. Wirtschaftsordnungen sowie Förderung von Bildung u. öff. Wohlfahrt
- 2. Sammelbecken: die "Geheimgesellschaften", um der Zensur zu entgehen
- Bürgertum + Adel; starke Verflechtung zw. Staatspolitik u. Freimaurern oder Illuminatoren
- Ideale von Humanität, Brüderlichkeit u. Aufhebung ständischer Unterschiede
- Beitrag zur Entstehung einer ausgeklärten, ständeübergreifenden, bürgerl. Gesellschaft!

2.2. Entstehung pol. Richtungen von Franz. Revo. bis zur Restauration
Frankreich
- zunächst "clubs", keine Parteien
- Einkammerparlament ab 1791 Sitzverteilung in "links" u. "rechts" (Namensgebend!)
- Restauration in F 1814-1830, Wahlmanipulation u. Pressezensur verhinderte Parteienbildung
- durch Franz. Revo. u. Besetzung Napoleons enorme Politisierung d. Ges. in ganz Europa
Italien
- Verbot von jedweder Vereinigung 1819 bzw. nur mit behördlichen Auflagen
- alle Geheimbünde wurden als Sekten tituliert u. Mitglieder teilweise verfolgt
- trotz Verbot "Carboneria" als revo. lib. Orga. in Süditalien mit >600.000 Mitgliedern
- Mitglieder: Militär, Ärzte, Beamte, Justiz, Klerus, liberaler Adel = Kleinbürgertum + Teile d. Unterschicht + einige Frauen
- erste parteiähnliche Orgastruktur mit Aufnahmeritualen, Versammlungen, Tagesordnungen
- Grenze zur Öffentlichkeit mit teils okkulten Aufnahmeritualen mit Schwur zur Geheimhaltung gegenüber allen Nichtmitgliedern; starke Zeichen- u. Bildsymbolik
- Ziele: Dezentralisierung u. Stärkung d. Regionen; repräsent. Verfassungssystem; Rede-, Presse-, Vereinigungsfreiheit; Kontrolle d. Regierung; handelspol. Reformen; Aufhebung Feudalsystem;
-> Versuch des Aufstandes gemeinsam mit Militär 1820 wurde niedergeschlagen
=> offener pol. Verein mit Verfassungsgebung u. Antritt b. Parlamentswahlen; Austritt aus Geheimen führte zur Spaltung u. später Bedeutungslosigkeit

Deutschland
- "Tugendbund" ähnlich wie Clubs, aber mit mehr Nationalgefühl (entscheidendes Motiv)
- "Deutscher Bund", erst geheim, dann national u. demokr.-lib. Programmatik in Freiheitskriegen
-> Kampf für Freiheit u. Einheit Deutschlands (um 1814)
- Burschenschaften als Sammelbeck unterschiedlicher Richtungen (radikal-demokr., lib., romantisch-koservativ)
=> Vorformen dt. Parteiwesens
- "Grundsätze d. Wartburgfeier" 1818 als 1. dt. Parteiprogramm: Bekenntnis zur nat. Einheit; Verfassung; prinzipiell demokr. Überzeugung; Volkssouveränität; unabhängige Justiz;
- in Restauration viele pol. Vereine in Repression, deutschlandweites Parteiverbot ab 1819
- Vereine nur noch im Untergrund als Geheimges. fortbestehend, viele Mitglieder im Exil

3. Probleme u. Schwerpunkte der Forschung
Konservatismus
- alles bewahren, was sich bewährt hat!
- "Bewahren" des Vorhandenen u. d. überkommenden Ordnung
- reaktiv!, gegen Rationalismus u. Aufklärung
- aber nicht defensiv!
Frühliberalismus
- Offenheit u. Aufgeschlossenheit gegenüber neuen Richtungen
- System des Individualismus u. d. Freiheitslehre
3 politische Systeme d. Neuzeit
Revolution, Reform, Reaktion

Kurseinheit 2: Liberalismus und Nationalismus 1830-1880

1. Zwischen sozialer und nationaler Frage: Ideengeschichtliche Grundzüge 1830-1880

Liberal-Konservative Richtung
- *Siegeszug* ab den Verfassungserhebungen (ab 1820) und Revolutionen (1830/31, 1848/49)
- gleichzeitig aber auch der Beginn der Spannungen im Lib. selbst
- *Grundsätze*
> - Bekenntnis zur Monarchie als "neutrale" Instanz zw. den Parteien
> - einzige pol. Partizipation darf vom Besitz- u. Bildungsbürgertum ausgehen
> - Garantie individueller Freiheit (muss von Rechtsstaat geschützt, gilt nicht für 4. Stand)
- *Fraktion*
> - soll Willensbildung voran treiben
> - soll wirklich wirken
> - wenige Mitglieder umfassend
- *Partei*
> - durch schleichende Mittel ihre Zwecke erfüllen
> - kann man ohne eigenes Wirken, einzig wg. der eigenen Gesinnung angehören und Mitglied
-> aus Parteien sollen sich Fraktionen bilden
<u>2 Arten von Parteien</u>
1. Partei der Privilegierten
> - eher konservativ
> - eher stabil
> 3 Hauptklassen

- Partei des Absolutismus
- Vertreter der Kirche
- Vertreter des Kapitalismus (sog. Bourgeois)
gemeinsame Merkmale
- Vertretung von Interessen, die den Interessen der Gesamtheit entgegengesetzt sind
- Ausnutzung d. Gesamtheit als Mittel für eigene Zwecke
- Unterscheidung nur in Art u. Mitteln
2. Partei der Mehrheits-Interessen
- demokratische Parteien
- eher reformatorisch und liberal
- eher fortschreitend
- Forderung nach direkter Wahl durch Repräsentation des Volkes

Liberal-Demokratische Richtung

Grundidee
- möglichst gleichberechtigte u. direkte pol. Partizipation Aller, auch Besitzlose u. Arbeiter (nicht nur Besitz- u. Bildungsbürgertum wie bei Liberal-Konservativen)
- die repräsentative Regierung als Garant für die individuelle Freiheit
Grundlage: möglichst weites Wahlrecht aller (Männer u. Frauen) steuerzahlender, alphabetisierter Erwachsener!

Sozialismus

- ausgelöst durch soziale Frage wg. Bevölkerungsexplosion u. industrieller Revolution
- Soz. als Anwalt d. lohnabhängigen Bevölkerung
- Kampf um ökonomisch-soziale Verbesserungen d. Lebensbedingungen d. Arbeiter
- Forderung nach pol. Partizipation
- Wille zur revolutionären Veränderung
- Diktatur des Proletariats
- Aufhebung des Privateigentums
- teilweise auch anarchistisch

Marxismus

- Karl Marx Grundlage: "Kritik d. pol. Ökonomie", Band 1 "Das Kapital"; Bände 2+3 von Engels
- generelle Kritik an Hegels Staatsphilosophie
- positive Aufhebung des Privateigentums
- Grundlage d. revo. Philosophie ist historischer Materialismus
- Gesamtstruktur d. Ges. setzt sich aus Produktionsverhältnissen u. -kräften zusammen, die den Menschen bestimmen
-> daraus entstehen Spannungen, weil Produziertes nur Eigentum Weniger ist
=> soz. Krisensituation, die durch Revo. der Basis gelöst wird

Konservatismus

- stärkster Gegner des Soz.
- beschäftiget sich auch mit sozialer Frage
- Antwort:
    - Aufrechterhaltung adel. u. kirchl. Grundbesitz
    - zurück zur Ständeges.
    - Verhinderung d. Modernisierung
=> rückwärtsgerichtet; Ziel: Verhinderung d. soz. Revolution!
- Arbeiterschaft sollte an Bildung u. Besitz herangeführt werden, hin zum Kapitalerwerb
- indirekte Repräsentanz d. 4. Standes über Priester als Anwälte d. Arbeiter

Katholizismus
- Berührungspunkte mit Koserv., Lib., Nat.
- grundsätzliches Spannungsverhältnis zw. Kirche u. Staat

Nationalismus
- moderner Nat. seit amerik. Unabhängigkeit u. Franz. Revo.
- Identität von Staat u. Volk
- Verbreitung durch napol. Fremdherrschaft
- 1. Hälfte 19. Jhd. Wunsch nach u. Gründung von Nationalstaaten
- mündete in Kolonien u. Imperialismus!
- Herder: "Volk - Kultur - Nation"; Volk als Gesamtnation
- Grundlage: gemeinsame kulturelle Praktiken u. Werte, v.a. Sprache
- Konzept d. Kulturnation (typisch D) -> gemeinsames nationales Kollektiv d. Kultur
(E+F=Staatsnationen)

Liberalismus & Nationalismus
- Idee des dt. Nationalstaates zwar von Anfang an Bestandteil des lib. Denkens, dennoch
Spannungsverhältnis innerhalb d. Lib.
- manche wollten Republik, andere Bundesstaaten aus konst. Monarchien
-nationalistische Aufladung nach außen durch Schleswig-Holstein- u. Posen-Frage

Anarchismus & Nationalismus
- Hinterfragung des Nationitätenprinzips
- Ablehnung des Nationalismus
-> Vereinigung aller Nationen! unter Beteiligung aller ges. Schichten zur Auflösung u. Zerstörung d.
Staaten

Sozialismus & Nationalismus
- "Nation als vorübergehende Sekundärerscheinung des Kapitalismus"
- mit Aufhebung d. Klassenges. auch Aufhebung nationaler Gegensätze
-> Instrumentalisierung des Nationalismus für "eigene" revo. Bestrebungen

Konservatismus & Nationalismus
- auch hier wird Nationalismus instrumentalisiert
- Nationalidee sollte konservativ besetzt werden

Katholizismus & Nationalismus
- im Falle Belgiens 1830 erfolgreich mit Lib. zu einer nationalen Koalition verbunden
- in Italien große Feindbilder
- in D 1871 größere Kompromissfähigkeit; Ziel: mit Nationalbewegung größere Unabhängigkeit d.
Kirche vom Staat durchzusetzen

2. Partei, Programm, Organisation: Parteiengeschichtliche Grundzüge 1830-1880

2.1. Die Parteibildung bis zur Revolution von 1848/49
- erste fraktions- u. parteiähnliche Richtungen seit 1688 (England) u. 1789 (Frankreich)
- entwickelten sich aber nur zögerlich weiter
- richtig erst deutlich später, z.B. in D

England
- durch Wahlrechtserweiterungen 1832 u. 1867 erste Orgastrukturen der aufs Parlament beschränkte Parteien (Whigs u. Tories)
- weitere Zersplitterung u. Ausdifferenzierung d. beiden Parteien nun liberale (Whigs) u. konser. (Tories)
- extrem lange Wahlrechtsbeschränkungen (Monopol d. Oberschicht, wenig Bürgertum u. Arbeiter)

Frankreich
- insgesamt verspätete Parteienbildung
- 4 Strömungen: Rechte, Zentrum, Linke, radikale Linke

1830-1880: Strukturwandel der Parteien
- i.d.R. Honoratioren- u. Weltanschauungsparteien wg. gemeinsamen Weltanschauungen in Parl.
- durch Erweiterung d. Wahlrechts Verlagerung in Öffentlichkeit zur Interessenpartei wg. Angelegenheiten nur ihres Klientels
- letztes Drittel 19. Jhd. zu Massenparteien mit überregionaler Orgaform
- neben Hauptströmungen Lib. u. Konser. nun auch einige "religiöse Parteien", meist kath. da Protestantismus zu Kons. u. Lib.
- in Belgien 1830 Zusammenschluss Lib. + Kath. zur erfolgreichen Unabhängigkeit von Niederlanden

Italien
- beherrscht von beiden großen Richtungen Lib. u. Konser.
- "Junges Italien" (von Mazzini) ab 1831 reaktionär! Offene, emanzipatorische Volksbewegung
- Bruch mit Geheimbunden, da Programm öffentlich -> neue pol. Vereinigungsform
- Programm zur "Beteiligung des Volkes", breite Schichten sollten gebunden werden
- keine regionale u. soz. Beschränkung
- auch für Idee "Europa der Völker"
- ital. Unabhängigkeit sollte zur Errichtung einer unitarisch-demokr. Republik führen
- Ablehnung einer soz. Revo. -> das "Volk" sollte letztendlich Gemeinschaft aller Schichten u. Klassen
- Ziel: Ital. Einheitsrepublik!
- aber, gescheiterte Aufstände von 1833/44 endeten in pol. Verfolgung des "jungen Italiens"
- gemäßigter Lib. in Italien: Überlegungen zu wirt. Reformen nach Vorbild dt. Zollverein
- Föderalismus als Ausdruck lokaler Identität (immer im Zwiespalt zum Einheitsgedanken)
- Revolutionen von 1848/49: Pol. Gegensätze prallten aufeinander! Gründe:
1. Außenpol. Absicherung oder ital. Eigeninitiative
- solle Befreiungskampf mit anderen europ. Großmächten geführt werden? oder ohne?
2. Soz. Reichweite
-> Problem der Volksbeteiligung
3. Divergierende Zielsetzungen
- wohin sollte Befreiungskampf eigentlich führen? Konst. Monarchie oder römische Republik?
Auswirkungen:
- Idee ital. Eigeninitiative illusionär
- Ital. driftete ins Nationalistische
- Lib. Kath. wurde unbedeutend

Deutschland
- Revo. 1848 als Schub für dt. Parteienbildung
    - explosionsartige Vermehrung des Vereinswesens
    - erste Fraktionsbildung in u. aus Parlamenten
    - pol. Öffentlichkeit über Hono.part. hinaus
    - Massenmobilisierung
- 1. Gesamtdeutsches Parlament in Paulskirche 1848/49
- mehrere Fraktionen (radikal rechts, radikal links, Liberale Mitte im rechten u. linken Zentrum

- Lib. Mitte + Recht u. vs. Linke = konst. Monarchie mit föderativer Gliederung als künftige Staatsordnung
- außerhalb des parl. Parteienspektrums v.a. Soz. Arbeiterbewegung u. Marxismus
=> Revo. 1848/49 aber gescheitert!!

2.2. Die Parteienbildung ab der Jahrhundertmitte

England
- 2. Wahlrechtsreform 1867 mit nun 1 Million Wählerstimmen als Schub für die Parteienbildung u. -apparate
- ab 1868 das typisch englische 2-Part.-System mit kons. u. lib. bis heute
- andere Strömungen z.B. Soz., aber kaum erwähnenswert

Frankreich
- viele Strömungen von rechts bis radikal links
- definitive Ausgestaltung d. franz. Parteiensystems erst mit Dreyfus-Affäre 1890, zu erheblichen Polarisierung u. Ausdifferenzierung d. Parteienlandschaft
-> Zusammenbruch d. Opportunisten
-> Aufstieg Radikale u. Soz.

Deutschland
- nach Scheitern d. dt. Revolution, Fortbestand d. Parteien!
- eigentliche Parteibildung ab 1868
- nach Gründung Nationalstaat 1871 neue fast direktdemokratische Konsenstechniken
- Staatstyp: konst. Monarchie mit Schwerpunkt d. Exekutive im Verfassungssystem
- je nach Themen ständig wechselnde Mehrheiten

Konservatismus
- 3 Richtungen: deutsch-kons. u. Freikons. (beide protestantisch), Zentrumspartei (kath.)
- Ziele: starke Zentralgewalt; Reichseinigungspolitik; vertraten Interesse d. Schwerindustrie
- viele Spaltungen innerhalb Kons.
- organisatorische Stabilität durch "Dt. Kons. Partei" 1876
- Bekenntnis zur Werteordnung d. Nation, solange diese monarchisch u. föderalistisch
- auch Sammelbecken für fundamentalistische Gesinnungsrichtungen
- Erweiterung zur kons. Volkspartei mit Massenbasis

Katholizismus
- v.a. in Zentrumspartei

Liberalismus
- 1. wirklich moderne Partei "Dt. Fortschrittspartei" 1861:
30.000 Mitglieder, Satzung, "Eisenacher Erklärung", zahlreiche Untergruppen, Öffentlichkeitsarbeit, festes Programm auf gesamtdt. Grundlage!
=> Züge einer Partei
- letztlich Aussöhnung mit Bismarck zum Abschluss d. Verfassungskonflikts => Spaltung d. DFP 1866
- Nationalliberaler Erfolg mit Reichseinigung 1870/71
- Ziele: nationalstaatl. Einigung, Garantie d. Grund- u. Menschenrechte, Kampf geg. Arbeiterbewegung

Sozialismus
- Ziele: Demokratisierung u. Parlamentisierung
- erste selbstständige Arbeiterpartei forderte 1863 u.a.: all. Wahlrecht, Reform d. bürgerl. Staates, Produktionsgenossenschaften, klassenlose Ges. => revo. Tendenz d. Parteiprogramms

8

Soz.demo. Gewerkschaftsbewegung
- Zusammenschluss 1875 d. Arbeiterparteien zur SAP für konkrete Verbesserung d. Lebensverhältnisse d. Arbeiter
- nach Verfolgung erst ab 1890 eine Entwicklung überregionaler Gewerkschaften möglich
- 1891 von SAP zur SPD, kontinuierlicher Aufbau d. Parteiorga. im ganzen Land
- Behinderung durch Verbot durch Sozialistengesetze
- damit aber nur Verzögerung, keine Verhinderung

Internat. Sozialismus
- "1. Internationale Arbeiter Assoziation" 1864
- viele Spaltungen und Zersplitterungen

Italien
- Soz. in Form von Anarch. verbreitet
- Anbindung d. Arbeiterbewegung am nationalen Befreiungskampf
- Ziel: alle Klassen umfassende nationale Einheit!
=> Einigung 1861 !!
- liberaler Nationalstaat mit linker außerparlamentarischer Opposition
- Distanzierung von Marx. u. Soz.
- Scheitern d. anarch. Aktivismus 1870

3. Probleme und Schwerpunkte der Forschung
- Sozialgeschichtliche Parteienforschung zunächst nur Arbeiterbewegungs-Geschichte
- Organisationsgeschichte: Typologie d. frühen Parteiwesens (Honoratiorenparteien)
- 5 weltanschauliche Grundrichtungen: Konserv., Kath., Liberal., Radik., Soz.
- Strukturgeschichte: Übergang v. d. ständischen zur bürg. Ges. durch Parteien, Vereine, Fraktionen
- Vereinswesen als Beginn d. Frühphase d. mod. Parteienbildung
- Orga.geschichte: Durchbruch d. mod. Parteiwesens in 1860er Jahren

weltanschauliche Herausforderung d. sozialen Frage
- Soz. Frage: Lage der durch Kapitalismus "geschädigten" Arbeiterklasse
- soziale Probleme als Ordnungsprobleme, die das Allgemeinwesen im ganzen betreffen + Gesellschaftsordnung + ges. Verhältnisse im allgemeinen u. deren Schieflage
- Unterschiedliche Antworten von vielen pol. Richtungen: Soz., Lib., Koser., etc.
- soz. Frage unmittelbar mit Industrieller Revo. verbunden (Durchsetzung des Marktes; arbeitsteiligen, maschinengestützten Fertigungsmethoden; neuartiger Mobilität; Auflösung überkommener ständischer Strukturen) -> Verelendung weiter Kreise d. Ges.!
- Antworten revolutionär, reformistisch, vorwärts u. rückwärts gewandt
- Nur Soz. strebt zur Lösung eine fundamentale, revo. Veränderung an

Partei u. Fraktion i. d. zeitgenössischen pol. Praxis
- Fraktion ist die Partei im Parlament
- außerhalb steht die Partei im Lande
- Unterscheidung in Mitglieder u. Nichtmitglieder einer Partei
- Parteien selbst sind voneinander abgegrenzt
- in der Entwicklung allerdings unterschiedlich:
-> Fraktionen situationsbedingt je eigene pol. Einstellung, die je nach Thema wechseln konnte
-> Partei war eine Denkrichtung, unter der mehrere Fraktionen zusammengefasst werden konnten
- Partei bezeichnete die Anhängerschaft zu einer pol. Grundeinstellung
- Zugehörigkeit zu einer Partei war ganz offen, man "zählte" sich einfach zu ihr

Besonderheiten d. dt. Parteienwesens
- entstanden erst spät wg. langer verzögerter Etablierung d. parlam. Institutionen
- bis 1918 durch Monarchie in der Macht im Parlament stark eingeschränkt, keine Regierungsmacht
- Fremdkörper im pol. Herrschaftssystem d. von außerparl. bürokratisch-feudalen Eliten geleiteten Staaten
- starker weltanschaulich-doktrinärer Charakter
- starke Konzentration d. Parteien auf einzelne Regionen wg. Einzelstaatlichkeit u. absolutem Mehrheitswahlrecht
- nicht Regierungs- u. Oppositionsparteien, sondern gouvernementale oder anti-gouv. Parteien

Vielfalt d. dt. Parteiwesens in vergleichender europ. Perspektive
- reich gegliedertes Vielparteiensystem
- Parteien in besonderem Maß an Theorie u. Idee, an Gesinnung u. Weltanschauung gebunden
- aber kein gestörtes Verhältnis zur Wirklichkeit
- Parteienpluralismus auch wg. landschaftlichen Gegebenheiten u. Sonderinteressen (z.B. Einzelstaatlichkeit)

Kurseinheit 3: Imperialismus und Faschismus 1880-1930

1. Rechte u. linke Extreme: Ideengeschichtliche Grundzüge 1880-1930
- antagonistische Grundströmungen, z.B. durch "Sozialdarwinismus", die das pol. Denken d. Epoche erheblich beeinflussten
- Imperialismus nicht nur aus kapt. u. VWL-Gründen, sondern auch wg. Bedürfnis nach Eroberung u. Entdeckung u. nat. Großmachtsanspruch
-> Imp. + Nat. = 2 dialektisch ergänzende Geistesrichtungen

Imperialismus
- ab 1880 kam in Eskalation des Nationalismus u. übersteigerter Großmachtspol. zum Ausdruck
-> gipfelte im 1. Weltkrieg
- davor territoriale Expansion des Staatsgebietes in überseeischen Kolonien -> "Weltpolitik"
- natürliche Gegenbewegung des Soz. (nat. u. imp. Massenmobilisierung nahem Soz. Bürger weg)
- wirt. Imp. durch Eroberung neuer Märkte wg. Hochindustrialisierung

Antisemitismus
- neuer Anti., v.a. im Inneren, d. mit religiösen, völk., u. rassist. Motiven gegenüber Juden war
- "Schreckgespenst d. internat. Judentums" wg. Börsenspekulanten
- getragen v.a. durch Kons. u. Kath.; Bewegung d. Bauern, Handwerker, kl. Kaufleute
- Frontalangriff auf Moderne - gegen Lib. u. Soz.
- pseudowiss. Begründung in hierarchischer Rassenideologie

Nationalsozialismus
= theo. Systematisierung u. Fundierung des Rassenantisemitismus als Basisideologie d. Nazis
- "Volk u. Rasse" in Hitlers "Mein Kampf" 1924
- höhere u. niedrigere Rassen; Vermischung zum Wohlergehen d. Höheren vermeiden mittels bürokratischem System für Disziplinierung u. Selektion;
- oberstes Ziel: arische Weltherrschaft
- sozialdarwinistischer Rassenkampf rechtfertigt Verfolgung u. Vernichtung -> Holocaust
- 2. Hauptaufgabe: Gewinnung von neuem Lebensraum im Osten -> Antibolschewismus

Faschismus
- Unterscheidung zum rein deutschen Antisemitismus u. Nat.soz. mit Rassenlehre

- Urmodell ist italienischer Faschismus als Anknüpfung an Tradition d. alten römischen Reichs
- Ges.ordnung als kapitalistische Klassengesellschaft mit staatl. Eingriffen
- ideologische Durchdringung u. Kontrolle d. gesamten Nation durch fasch. Partei
-> totalitärer Staatsanspruch
- *Merkmale* d. unterschiedlichen Ausprägungen: Entwicklung aus tiefer Krise d. lib.-parl. Staates; "bolschw. Bedrohung" als Nährboden; Errichtung eines autoritären Systems; Militarismus als Grundton; Machterhalt durch aufwendiges Partei- u. Propagandasystem zur Massenbeeinflussung; universaler Machtanspruch;

Kommunismus
- nach Lenin ab 1914 -> revolutionär wissenschaftlicher Sozialismus marxistischer Prägung!
- in Abgrenzung gegenüber Soz.demo. u. Soz.
- Gesell.ordnung ohne Privateigentum durch Revo. des Proletariats
- völlige Freiheit u. Gleichheit aller Menschen, durch Aufhebung d. Klassen u. Errichtung allg. Gütergemeinschaft
- Gründung von Organisationen als bewusst revolutionäre Parteiorganisationen

2. Massenbewegung, Führer- u. Einheitspartei: Parteiengeschichtliche Grundzüge 1880-1930
2.1 Parlamentarismus u. Faschismus in Europa
England
- kurz 3-Parteien-System - neue Labour Party verdrängte aber Lib., somit wieder 2-Part. (Kons.+Arbeiter)
- dennoch relative Stabilität d. lib.-parl. Systems
- hier keine Krise durch extreme Parteienzersplitterung

Frankreich
- Parlamentarismus ab 1879, aber hohe Instabilität d. Kabinette
- starke Polarisierung d. pol. Richtungen
- erst spät permanente Parteienorganisationen
- außer soz. Massenparteien alles noch Honoratiorenparteien
- Linksruck, der den Radikalen zur Macht verhalf
- Orientierung an Werten d. Franz. Revo. u. anti-klerikale Grundhaltung
-> aber F+E auch weiterhin anerkannte Traditionshüter von Lib. u. Demokratie

Faschismus (in Zwischenkriegszeit)
- verbreitet in Italien, Deutschland, Spanien, Portugal, Polen, Ungarn, Österreich
=> überall, wo Übergang von Monarchie zur Demokratie u. parl. System in wirtschaft. Krise endete!!
-> antikommunistische, autoritäre Systeme mit Führerprinzip u. nat. Großmachtpolitik
- kleinbürg. Schichten u. Teile d. Arbeiterschaft von neuer demokr. Ordnung nicht überzeugt, wanden sich zur Protestbewegung d. Faschismus

2.2 Die politische u. Parteienentwicklung in Italien
- Pol. u. sozialer Dualismus zw. Destra (rechts) u. Sinistra (links)
- langsam aufkommender Lib.
- Schul- u. Wahlrechtsreform 1882: Wahlalter 25->21 (von 400k auf 2 Mio); 2-jähriger Grundschulbesuch -> nur wer Schule besuchte, durfte wählen! Starke Nachteile für südital. Bauern
- "Trasformismo" als wesentliche Kompromiss- u. Konsentaktik d. pol. Eliten (links u. rechts) gemeinsam gegen Radikale u. für Liberalismus! -> Stabilität u. Geschlossenheit d. pol. Elite
- Stärkung d. monarch. Einflusses über "Hofpartei" mit Umgehung d. üblichen parl. Wege ins pol. u. ges. Leben
- Gewaltkonzentration fast einzig auf Ministerpräsident als große Schwäche!

- zudem Fehlen einer lib. Partei, die Lib. in pol. Kultur etablieren könnte
- 3fache Anti-System-Opposition: kath. Bewegung + radik. Republikaner + Anarchisten (+ Linke)
-> teilweise erfolgreich: lib. Staat nahm autoritäre u. reaktionäre Züge an
- "katholische Opera": nationaler Orga.grad + pol. Programm = Charakter einer modernen Partei,
aber mit freiwilligen Verzicht auf parl. Repräsentanz, da Kirche sich bis ins 20. Jhd. einer möglichen
Integrationsfunktion verweigerte!

Gründung d. ersten beiden großen Parteien Ende 19. Jhd.

1. Sozialistische Parteienbildung (1892)
- 1. pol. Partei mit Massenbasis in Italien + nat. Struktur + Programm!
- aus Arbeitern, Anarchisten, Bildungsbürgern
- für Wahlbeteiligung d. Gewerkschaften
- Auflösung nach Verbot bereits 1893

2. Republikanische Parteienbildung (1895)
- als Antwort auf soz. Parteigründung

Pol. Herrschaftspraxis d. lib. Eliten Italiens
- *Einflussnahme auf Wählerverhalten durch Klientelismus u. Trasformismo!*
- *Politisierung d. Verwaltung durch das Präfektensystem = Provinzvorsteher in ganz Italien*
(Präfekt als "pol. Funktionär" mit Sonderstellung!)
- *Instrumentalisierung d. Presse durch formale Pressefreiheit ab 1848* (Gesamtauflage aller
Blätter 500.000 gleichhoch wie Wahlberechtigte; Verflechtung zw. Pol. u. Journalisten groß,
da Direktoren meist auch pol. Amt besetzten (=> siehe Berlusconi heute!) u. Pol. sich
Zeitungen kaufte)
- 1. Krise d. lib. Systems Ende 19. Jhd.:
- Gründe: wenig Parteiorgas; Klientelpol.; Ausschluss breiter Bevölkerungsschichten;
- Sinistra zunehmend autoritärer innen- u. außenpol. Regierungsstil
-> Krise des parl. Systems
-> expansive Kolonialpolitik auf Afrika u. gegen Frankreich
-> (Partei-)Politische Mobilisierung u. Repression im Inneren ab 1880; Konstituierung d. extremen
Linken im Parl. aus Rep, Radik, Soz, die gegen konservative Tendenzen innerhalb Sinistra opponierten
- Innenpolitische Repression zur "Eindämmung" d. Soz. Bewegung durch das Militär!
- Grundlagen des Imperialismus: aggressive Kolonialpol. (scheiterte!), Wiederernennung Roms zur
Hauptstadt, nachdem sie von Franzosenherrschaft befreit wurde
- 3Bund-Politik mit Ö + D gegen Frankreich u. für Kolonien (Eritrea u. Somalia)
- wirt. Aspekt d. Kolonialismus eher gering, nur rein ideologische u. innenpol. Gründe!
- außenpol. Wende 1896 mit Niederlage in Äthopien, wieder Annäherung an Frankreich
- Krisenjahr 1898 als Kraftprobe zw. reaktionären vs. links-lib. Kräften mit zahlreichen Toten u. Verbot
aller rep., soz., klerik, Gruppen!
- Thronwechsel des letzten Ital. Königs aber brachte innenpol. Entspannung durch lib.
Reformprogramm zum Aufschwung d. Wirtschaft u. umfangreichen Sozialgesetzen
- Pol. Öffnung der Kirche durch Pontifexwechsel 1904 führte zu Wahlabsprachen mit Katholiken zur
Mehrheitssicherung d. lib.-refom.-Partei bei Verzicht auf anti-klerikaler Pol.!
- Wahlrechtserweiterung 1912 fast allg. Männerwahlrecht (8,5 Mio. Stimmberechtigte)
- Krieg gegen Türkei u. Besetzung Libyens 1911 führte zur Spaltung d. Soz. Kräfte
- Italien im 1. Weltkrieg: große Kampagne ver. pol. Richtungen für Kriegseintritt (1915) auf Seiten d.
Entente

Finale Krise des Liberalismus 1919/20 u. Aufstieg d. Faschismus
- wg. wirt. Misere u. umfangreichen Streiks d. Arbeiter
- neu: Zugehörigkeit zu nur EINER Partei! Damit kein Wechsel mehr aus Opportunitätsgründen (was
Grundlage von Klientelismus u. Trasformismo war) zwischen zwei Richtungen mehr möglich! -> Krise!
- Entstehung d. faschistischen Bewegung mit Kampfbünden u. fester Parteiorga.
- Gewaltaktionen gegen soz. u. kath. Arbeiter
- Unterstützer: Großgrundbesitzer, Industrielle, kleinbürgerliche Schichten
=> Destabilisierung d. pol. Richtungen durch Lähmung d. Massenpartei wg. Gewalt

=> Machtaufstieg u. Konsolidierung d. Faschismus mit Faschistisierung von Ges., Staat., Verw.
- Aneignung zahlreicher Exe. u. Legis. Vollmachten
- Wahlrechtsreform: Partei mit meisten Stimmen erhält 2/3 d. Parlamentssitze!
=> radikale Umgestaltung d. pol. Systems
    - Aufhebung Pressefreiheit
    - Unterdrückung d. Opposition u. pol. Säuberungen d. öff. Verwaltung
    - Einrichtung Sondergerichtsbarkeit
    - stark. zentralisierter Staatsapparat
    - "Führerprinzip" über zentrale Gewalten
-> totalitäres Regime des Faschismus

2.3 Die Entwicklung im Dt. Kaiserreich u. in d. Weimarer Republik

- grundlegende innenpol. Umorientierung ab 1878 unter Reichskanzler Bismarck
- aufkeimender Antisemi.; Konser. wieder staatstragende Kraft; Aussöhnung zw. Staat u. Kirche
-> Hinwendung Bismarcks zu Kons. u. Zentrum v.a. wg. Wirt.pol. (vom Freihandel zum Schutzzoll)
-> brauchte Finanzen für neue Sozialpolitik mit -Gesetzen
-> Lösung d. sozialen Frage als Hauptziel
- aber Bruch zw. Bismarck u. Nationalliberalen
- nach Attentaten auf Kaiser Wilhelm I -> Sozialistengesetze (Verbot Vereinswesen u. Presse d. Soz.)
- Verfolgung förderte aber noch das Vereinswesen d. SPD-Anhänger in Sport u. Gesang
- Wandel d. Parteienlandschaft aufgrund vieler Zusammenschlüsse in Lib. u. Kons.
Wandel ...
- vom Agrar- zum Industriestaat begleitet von Gründung v. Großunternehmen, Kartellen, Verbänden
- beim Staat: Schutzzollpol. für Landwirtschaft u. Schwerindustrie; Ausbau d. Sozialstaates -> zum
System d. "organisierten Kapitalismus"
- Gründung von Interessenverbänden führte zur "Herrschaft d. Verbände" in Bereichen
    - Handel - Handelskammern als Selbstverwaltungskörperschaften mit öff.-rechtl. Status
    - d. Schwerindustrie in Chemie, Stahlt, Baumwolle, Bergbau
- Politisierung d. Arbeiter in orga. Gewerkschaften
-lib. Reformkurs nach Abtritt Bismarcks (1890), mit Staat als neutraler Instanz als besserer Ausgleich
zu soz. Spannungen
- Paradigmenwechsel in Wirt.pol.: Abbau von Zöllen + Steigerung des Exports
- nach nur 4 Jahren Ende d. Reformen -> jetzt "Sammlungs-" (breites Bündnis staatstragender Kräfte
gegen Arbeiterbewegung, Gewerkschaften, Soz.demo.) u. "Handelsflottenpolitik" (Stärkung des
Außenhandels in Konkurrenz mit England)!
=> insgesamt aber Stillstand u. Selbstblockade am Vorabend des 1.WK 1914 !!
- Verfassungsentwicklung bewährte sich bis 1918 dank stabilisierender Funktion des Bundesrates in
ihrer föderalistischen Ausrichtung
- aber Fehlen einer parl. verantwortlichen Kabinettsregierung durch Stellvertretergesetz für nahezu
alle Bereiche wenn Kanzler verhindert -> Aufwertung d. Staatssekretäre
- Nationalisierung d. Massen im Inneren, z.B. durch "Flottenverein" u. "Kriegervereine" mit teils sehr
antisem. u. rass. Forderungen u. Denkmalskult
- "Fundamentalpolitisierung" - sehr breite Masse interessiert an direkter pol. Partizipation
(Wahlbeteiligung 85%)
-> Parteien wandelten sich nun endgültig von Honoratioren- zu Massenparteien; ebenso
Gewerkschaften u. Interessenverbände nun Massenorgas.; + publizistische Massenmacht;
- exklusiver Zusammenhalt d. Nation mit Ausschluss ganzer Gruppen durch Antisemi. als strategische
Grundvoraussetzung für aggressive Außenpolitik
-> Kriegskonsens d. Parteien 1914 mit enthusiastischer Kriegsbegeisterung
- Pol. Polarisierung u. Radikalisierung d. Parteienlandschaft durch Weltkrieg (Bruch d. SPD 1917)
- Parlamentarisierung u. Oktoberverfassung 1918, durch die d. Reichstag des Kaiserreichs in parl.
Monarchie umgewandelt wurde!

Grundlegender Verfassungswandel
- Abgeordnete konnten mit Mandat Minister werden
- Gleichstellung d. Staatssekretäre
- Misstrauensvotum über Reichskanzler eingeführt
=> Verfassungswandel u. Regierungsbildung aber zu spät;
=> **Kriegsniederlage u. soz. Not führten zur "November"-**Revolution **->Ende der Monarchie u.**
Ausrufung d. Deutschen Republik **am 9.11.1918**
- Revolution hatte aber deutliche Grenzen:
    - pol. Eindämmung d. Revo., ergo keine Sozialisierung d. Großindustrie, wg. Kriegsfolgen war
    daran nicht zu denken
    - Sozialpartnerschaft statt Sozialisierung zw. Arbeitergebern u. Arbeiternehmern in
    Tarifautonomie
    - Verzicht auf Demokratisierung d. öff. Dienstes, Militär, Ges., Wirt.!
=> Revo. kam über pol. Umwälzung nicht hinaus!
- Verfassungsfrage: Räte oder parl. Demokratie -> PARL. Demo.!
- am 19.1.1919 wählten 83% d. 36,7 Mio. Wahlberechtigten nach freier, geheimer u. direkter
Verhältniswahl d. verfassungsgebende Nationalversammlung (ab Alter 20 + Frauenwahlrecht)!
(- **dann WWK!)**
- unter Eindruck d. Kriegsniederlage, Revo., Versailler Vertrag weiter Polarisierung in
    a) Rechtsradikalismus (v.a. wg. Kriegsniederlag gegen System d. "Novemberverbrecher")
    b) Linksradikalismus (wg. enttäuschendem Verlauf Revo. (keine Räterep.) u. Anti-System)
-> pol. Radikalisierung schuf innenpol. Klima des Hasses => Politischer Terror beiderseits mit
Putschversuchen, Generalstreiks, bewaffneten Auseinandersetzungen, kleinere Revos. u. zahlr. Toten
- außenpol. Spannungen durch Reparationszahlungen
-> wegen Nichtzahlung Besetzung d. Ruhrgebiets 1923 u. Oberschlesiens
-> dagegen aktiver u. passiver Widerstand! weil durch Besetzung Industrieproduktion stark
geschwächt u. dadurch Verschlimmerung d. Wirtschaftskrise
- Parteien wg. monarchisch-konst. Staatsverständnis kaum in der Lage Verantwortung d.
Regierungsverantwortung über das Allgemeinwohl zu tragen!
- dem Wechselspiel zwischen Regierung u. Parlament waren Parteien nicht gewachsen
-> Auflösung d. lib.- u. kons.-bürg. Parteienspektrums wg. mangelnder ideologischen Beweglichkeit u.
pol. Kompromissfähigkeit, während extreme Richtungen immer stärker Zulauf bekamen
Probleme d. Weimarer Verfassung
    - strukturelle Probleme
    - ideologisches Selbstverständnis d. Parteien
    - Aushöhlung d. Verfassung durch plebiszitäres u. präsidiales Element (7x Volksentscheid u.
    zahlreiche Vertrauensfragen)
    - Figur d. Reichspräsidenten: zu oft gebrauchte Notstandsgesetze Art.48 u. damit Aussetzung
    d. Grundrechte u. Verfassungsgarantien
- Zusammenbruch des Sozialstaates wg. "Schwarzen Freitag"
u. **WWK**
    - Industrieproduktion -50%
    - Erwerbslosenzahl auf 7 Mio.
    - Staatshaushalt mit beträchtlichem Defizit
    - Ausgleich dessen durch Abgabenerhöhung u. Senkung staatlicher Leistungen (nicht funktio.)
    - Revision sowohl d. sozialpol. Errungenschaften d. Weimarer Republik
    - Bruch mit Versailler Friedensordnung
=> Ausschaltung d. Parlaments durch Ersetzung in **Präsidialregime**, die ohne Mehrheiten im
Parlament alleine mit Unterstützung d. Reichspräsidenten aufrecht erhalten wurde
-> nach erster Abstimmungsniederlage => Notverordnungen u. mehrmaliger Auflösung d. Reichstages
-> daran **zerbrach d. letzte pol. Regierung Weimars!**
-> daraufhin Rechtsruck u. Rücktritt d. letzten parl. Regierung
Nationalsozialisten

- ab 1933 Ermächtigung der Macht
- da bereits viele Streitfragen geklärt (u. zwar nicht von den Nazis):
    - Tiefpunkt d. WWK bereits überschritten
    - Rheinland-Frage ebenso geklärt
    - militärische Gleichberechtigung wieder hergestellt
    - parl. Systems bereits korrodiert!
- für Aufstieg wichtig:
    - Völkischer Beobachter (Parteizeitung)
    - SA, als paramilitärische Wehreinheit
    Zulauf aus viele soz. Schichten, v.a. protestantischen u. kleinbürg. Milieu
    - Grundideologie in "Mein Kampf"
    - "Führerprinzip" u. "Führer-Kult"
    - 850.000 Mitglieder 1933
    - 37,3% d. Stimmen bei Reichstagswahlen 1932
    - weit verzweigte Parteiorga. u. -gliederung
    - große Integrationskraft gegenüber unterschiedl. Milieus

3. Zentrale Fragen der Forschung
Ursachen für Niedergang d. Liberalismus
- ambivalente Haltung d. Liberalen gegenüber Imperialismus, zwischen dieser sie zerbrachen
- Schwächung d. Mitte als Begleiterscheinung d. Stärke der pol. Ränder
Deutschlands "Sonderweg"?
- Scheitern Weimars auf Strukturschwäche d. pol.-parl. Systems zurückzuführen
- Entstehung durch: gescheiterter Revo. 1848/49; Hegemonie d. preuß. Staatsmodells; Schwäche d. Lib.; verspätete Nationenbildung;
- demokratische Experiment d. Weimarer Verfassung war von Anfang an zum Scheitern verurteilt!
-> Sonderwegthese aber relativiert, nur die Modernisierungsprobleme haben sich unter den Sonderbedingungen des Deutschen Kaiserreichs stärker u. intensiver entwickelt
- Verzicht auf wirkliche ges. Umgestaltung nach Revo. 1918/19 als wirklicher Geburtsfehler Weimars
- sehr breite Basis der NSDAP (Volkspartei) ebenso ein Grund des Scheiterns
Bedeutung von Klientelismus u. Trasformismo in Italien
- diese führten Krise bei Wandlung von Monarchie zum Parlamentarismus erst herbei, die später in Faschismus endete
- Transformismo (= Einbindung d. gemäßigten Oppositionsflügel in pol. System)
Totalitarismusbegriff
= Herrschaftssystem, das in seinem Machtanspruch alle Bereiche von Staat, Partei u. Ges. unter Ausschaltung aller Rechtsstaatprinzipien zu kontrollieren u. für seine Ziele zu mobilisieren versucht
- Merkmale: Einparteienherrschaft; umfassende u. stark wertbesetzte Weltanschauung; Etablierung einer terroristischen Geheimpolizei; staatliches Monopol über Propaganda, Militär u. andere bewaffnete Einheiten; Durchsetzung eines Planwirtschaftssystems
Faschismus u. Nationalsozialismus in Deutschland
- mit europ. Faschismus verband d. dt. Nati.soz.: Antiliber.; Führer- u. Machtkult; Praxis pol. Gewalt
- Eigenarten: nutzte Staat nur als Mittel zur Errichtung seines auf Parteiherrschaft u. rass. Ideologie gegründeten Imperiums
- einzigartiges Phänomen: zudem physische Vernichtung der Anderen aufgrund von Rass. u. Antisem.